ANN SOLDO ELEMENTARY SCHOOL
1140 MENASCO DR.
WATSONVILLE, CA 95076

W9-CTB-061

DATE DUE

MAR 09 '00			
AY 05 '00			
JUN 08 '00			
SEP 01 '00			
SEP 14 '00			
SEP 29 '00			
OCT 27 '00			

PERMA-BOUND ®

PECES

DEPREDADORES

Lynn M. Stone
Versión en español de Argentina Palacios

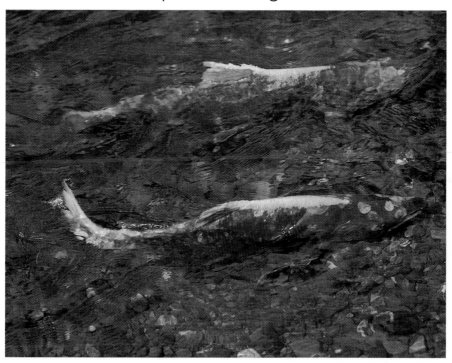

The Rourke Corporation, Inc.
Vero Beach, Florida 32964

© 1993 The Rourke Corporation, Inc.

All rights reserved. No part of this book
may be reproduced or utilized in any form
or by any means, electronic or mechanical
including photocopying, recording or by
any information storage and retrieval
system without permission in writing from
the publisher.

CRÉDITOS DE FOTOGRAFÍAS
Chip Matheson: portada, páginas 8, 10; © Alex Kerstich: páginas 7, 15;
© Lynn M. Stone: página de portada, páginas 4, 13, 21; © Tom y Pat Leeson:
páginas 12, 18; © Breck P. Kent: página 17

Library of Congress Cataloging-in-Publication Data
Stone, Lynn M.
      [Fish. Spanish]
Peces/Lynn M. Stone; versión en español de Argentina Palacios.
         p.   cm. — (Depredadores)
      Incluye índice.
Resumen: Presenta distintas clases de peces depredadores,
dónde se encuentran y cómo capturan su presa.
      ISBN 0-86593-318-9
1. Peces—Literatura juvenil. 2. Peces—Norteamérica—Literatura
juvenil. 3. Animales depredadores—Norteamérica—Literatura
juvenil. [1. Peces. 2. Animales depredadores. 3. Materiales en
español.] I. Título. II. Serie: Stone, Lynn M. Depredadores.
Español.
QL617.2.S7318   1993
597'.053—dc20   93-1425
                                                              CIP
                                                               AC

ÍNDICE DE MATERIAS

LOS PECES COMO DEPREDADORES

Las mandíbulas del tiburón son bien renombradas por las hileras de agudos dientes blancos. Esos dientes son para prender, desgarrar y matar.

El tiburón es un experto asesino y tiene que serlo. Después de todo, sin carne de que alimentarse, un tiburón se moriría de hambre.

El tiburón es el más conocido de los peces **depredadores**—los peces que tienen que cazar y matar para sobrevivir. Pero casi todos los peces de Norteamérica, tanto de agua dulce como salada, también son depredadores. Las víctimas de las cuales se alimentan se conocen como **presa.**

Saltarín espectacular, el tarpón es un pez depredador de gran tamaño del Golfo de México

LAS ARMAS DE LOS PECES

La mayoría de los peces **depredadores** matan con las mandíbulas y los dientes. Los tiburones, las barracudas y el lucio o sollo americano de agua dulce tienen unos de los dientes más grandes y agudos de Norteamérica.

Los gigantes peces picudos—aguja, pez vela y pez espada—son desdentados. Con la especie de lanza que tienen atraviesan a los otros peces antes de comérselos.

La lamprea, que tiene aspecto de anguila, mata a sus víctimas lentamente. Pega su boca succionadora al costado del pez y con los dientes corta las escamas y la carne. Después, por la herida se chupa la sangre y los fluidos de la víctima.

La anguila morena viperina muestra mandíbulas feroces

CÓMO CAZAN LOS PECES

La claridad del sol no penetra muy bien el agua. Un pez probablemente nunca ve una presa a más de 100 pies de distancia. ¡Es demasiado oscuro! ¿Cómo encuentra un pez a una víctima distante?

Los peces sienten la presa—y el peligro—por medio de las ondas de sonido que pasan por el agua. Los tiburones tienen, además, un gran sentido del olfato y así, se van nadando tras cantidades pequeñitas de sangre que perciben en el mar.

Los peces, por supuesto, emplean los ojos para buscar presa por ahí cerca. Ciertos peces saltan fuera del agua para atrapar insectos que vuelan muy bajo.

El sentido del olfato del tiburón le ayuda a encontrar presa lastimada

LOS TIBURONES

A lo largo de las costas norteamericanas del Atlántico y del Pacífico habitan numerosas clases, o especies, de tiburones. Estos tiburones varían de tamaño, desde un pie de largo hasta más de 60 pies.

En aguas de Norteamérica, el famoso gran tiburón blanco o jaquetón puede alcanzar 20 pies de largo y pesar 3,000 libras. Su alimentación consiste en peces, focas, aves y tortugas marinas.

Los tiburones tienen mandíbulas grandes y vigorosos cuerpos aerodinámicos. Unas cuantas especies de tiburones de gran tamaño son peligrosas para los seres humanos.

El tiburón azul, como el gran tiburón blanco de la portada de este libro, es una de las especies peligrosas

Esta vistosa trucha arco iris es uno de los peces de pesca más populares

Un pez de pesca muy popular en el sureste de Estados Unidos es el róbalo, de agua salobre, es decir, mezcla de agua dulce y agua salada

OTROS PECES DE AGUA SALADA

El tiburón es un magnífico cazador. Pero los océanos son también el **hábitat** o vivienda de otros peces depredadores entre ellos, el róbalo, el tarpón, el pez rojizo, la trucha de mar, el azulado, el hipogloso, el mero, la barracuda, la macarela y el atún.

Los peces de mayor tamaño por lo general cazan solos. Muchos otros, tanto cazadores como caza, andan juntos en **cardúmenes.**

A los cardúmenes de peces pequeños los atacan peces grandes. Tales ataques causan grandes problemas a los pececillos. Cuando la superficie del océano parece agua hirviendo con todos los pececillos plateados, las aves marinas se dan prisa al festín.

Un cardumen de barracudas a la caza de presa oceánica

PECES DE AGUA DULCE

Las lagunas, los lagos y los ríos también son hábitats de peces depredadores. La lobina o lubina bocona es uno de los más comunes.

Este primo de la chopa y la **brema** tiene un nombre apropiado. La gran boca le sirve para satisfacer su buen apetito de otros peces, ranas, insectos, salamandras o salamanquesas, ratones y patitos.

Menos comunes, pero no por eso menos depredadores, son el lucio o sollo del norte y su pariente, el lucio o sollo americano.

Los más hermosos depredadores de agua dulce en Norteamérica son las truchas. Sus nombres—asesina o degolladora, dorada y arco iris—indican sus vistosas marcas.

La lobina o lubina bocona tiene un gran apetito de peces, ranas y otros animales

PECES DE AGUA DULCE Y AGUA SALADA

Varias especies de peces depredadores se desplazan entre los ríos y el mar. Las truchas que nacen en los ríos costeros a menudo se van al mar. Después regresan al agua dulce a desovar.

El salmón es pariente cercano de la trucha. Los salmones nadan de los ríos al mar. Los adultos son feroces cazadores marinos de dientes agudos.

De las seis especies de salmón americano, el salmón real o chinuco es el de mayor tamaño. A menudo pesa más de cincuenta libras. Cinco especies viven cerca de la costa del Pacífico y la sexta vive cerca de la costa del Atlántico.

El chinuco, o salmón real, es la especie de mayor tamaño entre las cinco especies de salmón de la costa del Pacífico

LOS PECES Y LOS SERES HUMANOS

Las personas que emplean cañas de pescar y botes de pesca son depredadoras. Convierten a los grandes peces depredadores en presa. Para un pescador deportivo, la mejor presa es el pez más grande y más difícil de pescar.

A los peces que luchan mucho y atacan la **carnada (cebo, señuelo)** se les llama peces de **pesca deportiva.** Las carnadas se parecen a la verdadera presa del pez.

Estos peces gustan a los pescadores deportivos porque atacan la carnada como a la presa viva. Muchos—entre ellos la trucha arco iris, la lobina bocona y el tarpón—dan saltos espectaculares cuando quedan enganchados.

La lobina o lubina bocona se convierte en presa de una depredadora más astuta

CÓMO SALVAR LOS PECES DEPREDADORES

La pesca comercial captura grandes cantidades de pescado para vender. Esa clase de pesca ha reducido muchas poblaciones de peces.

Las aguas contaminadas y las represas que detienen las migraciones de los peces en los ríos también les han sido perjudiciales. Las excavaciones en las bahías saladas llanas ha destruido los criaderos de peces, donde los pececitos empiezan a crecer.

Los océanos, los lagos y los ríos parecen enormes. Es fácil creer que siempre habrá grandes peces feroces y tajantes. Pero si no se pone más atención al agua limpia, a los límites de construcción y pesca, vamos a perder algunos de los más valiosos peces depredadores para siempre.

Glosario

brema — apodo popular que se da en el sur de Estados Unidos al pejesol o pez roda de agua dulce

cardúmenes — grupos de peces, generalmente de la misma clase, que se desplazan juntos

carnadas (cebos, señuelos) — objetos que se enganchan en la punta de una cuerda, hilo o pita de pescar

depredador — un animal que mata a otro para que le sirva de alimento

especie — dentro de un grupo de animales relacionados muy cercanamente, como las truchas, una clase o tipo especial (trucha *arco iris*)

hábitat — la clase de lugar donde vive, o habita, un animal, tal como un lago de agua dulce

pesca deportiva — animal que caza la gente sólo por deporte

presa — animal o animales que caza otro animal para comer

ÍNDICE